Dados Internacionais de Catalogação na Publicação (CIP) de acordo com ISBD

C578e	Ciranda Cultural
	Espaço / Ciranda Cultural ; organizado por Ciranda Cultural ; coordenado por Ciranda Cultural ; ilustrado por Laís Bicudo. - Jandira, SP : Ciranda Cultural, 2020.
	32 p. ; 24cm x 26,5cm. – (Minha Lanterna Mágica)
	ISBN: 978-65-5500-392-5
	1. Literatura infantil. 2. Espaço. I. Bicudo, Laís. II. Ciranda Cultural. III. Título. IV. Série.
2020-1592	CDD 028.5 CDU 82-93

Elaborado por Vagner Rodolfo da Silva - CRB-8/9410

Índice para catálogo sistemático:
1. Literatura infantil 028.5
2. Literatura infantil 82-93

© 2020 Ciranda Cultural Editora e Distribuidora Ltda.
Produção: Ciranda Cultural
Preparação: Paloma Blanca Alves Barbieri
Ilustrações: Laís Bicudo
Imagens adicionais de capa: Nikola Stanisic/Shutterstock.com;
Issarawat Tattong/Shutterstock.com; passion artist/Shutterstock.com

1ª Edição em 2020
7ª Impressão em 2025
www.cirandacultural.com.br
Todos os direitos reservados. Nenhuma parte desta publicação pode ser reproduzida, arquivada em sistema de busca ou transmitida por qualquer meio, seja ele eletrônico, fotocópia, gravação ou outros, sem prévia autorização do detentor dos direitos, e não pode circular encadernada ou encapada de maneira distinta daquela em que foi publicada, ou sem que as mesmas condições sejam impostas aos compradores subsequentes.

ESPAÇO

INSTRUÇÕES:

Você está preparado(a) para embarcar em uma viagem pelo Universo? Então, leia as instruções com bastante atenção para não perder nenhum detalhe dessa incrível jornada espacial!

1. Acenda a lanterna do celular.

2. Posicione a lanterna na parte de trás das páginas ímpares.

3. Passe o celular pela página para explorá-la e completar as imagens.

4. Nas páginas pares e ímpares, leia curiosidades sobre o Universo.

3, 2, 1...

O GRANDE ASTRO

Por muito tempo, as pessoas acreditaram que os planetas, o Sol e a Lua giravam ao redor da **Terra**. Mas os estudos espaciais mostraram que o Sol é, na verdade, o **centro** do nosso sistema planetário. Portanto, são os planetas, inclusive a Terra, que giram em torno dessa estrela de fogo. Você sabe qual é a **temperatura do Sol**?

A superfície do **Sol** pode chegar a uma temperatura de mais de 5.000 °C! Além disso, o conjunto dos planetas e outros elementos que estão ao redor dessa grande estrela é chamado de **Sistema Solar**.

GRANDES DESCOBERTAS

Um astrônomo italiano chamado **Galileu Galilei** revolucionou os estudos sobre o Universo após construir seu próprio **telescópio** para observar o céu! Você sabe quais descobertas ele fez?

Com sua invenção, Galileu descobriu que a Lua era cheia de **crateras** e observou as diferenças entre as estrelas e os planetas. Além disso, ele percebeu que nem a Terra, nem o Sol eram o centro do Universo, pois este é formado por muitas outras **galáxias**.

Foi a cadelinha **Laika**, em 1957! Depois de lançarem o primeiro satélite, o famoso **Sputinik**, os soviéticos decidiram enviar uma cachorra em seu próximo lançamento, tornando Laika muito conhecida.

AS FASES DA LUA

Cheia, crescente, nova, minguante... A **Lua** aparece no céu com vários formatos diferentes durante todo o ano. Você sabe por que isso acontece?

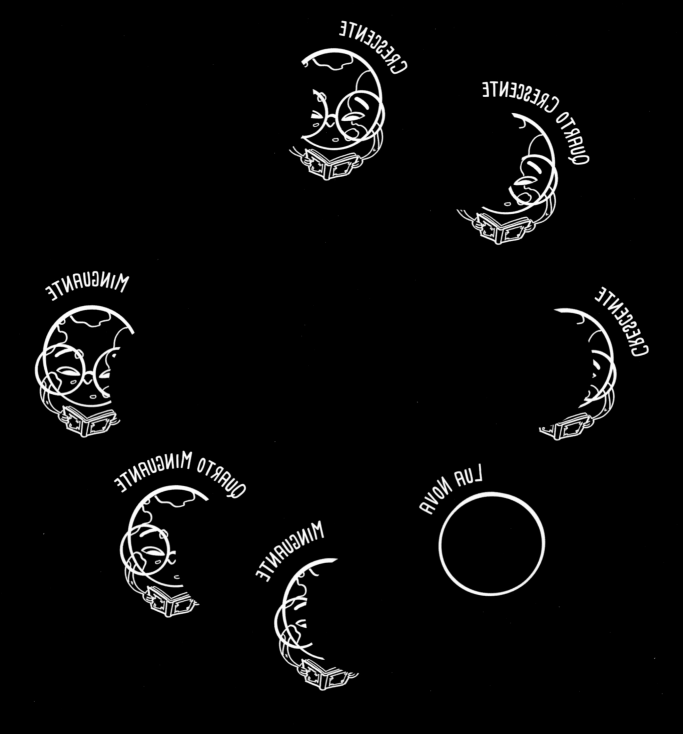

A **Lua** é um satélite natural que fica girando ao redor do planeta Terra. Por isso, dependendo da posição em que estiver, o Sol vai iluminá-la em uma parte diferente, dando um "novo" formato a ela. Esses formatos são conhecidos como **fases lunares**.

PRIMEIRA VEZ NA LUA

Depois de muitos testes, em 1969, a expedição **Apollo 11** conseguiu levar astronautas à Lua pela primeira vez! Você sabe quem foi o primeiro homem a pisar em **solo lunar**?

Foi o astronauta americano **Neil Armstrong**! Antes de dar o seu primeiro passo na Lua, ele falou a lendária frase: "Este é um pequeno passo para um homem, um **salto gigantesco** para a humanidade".

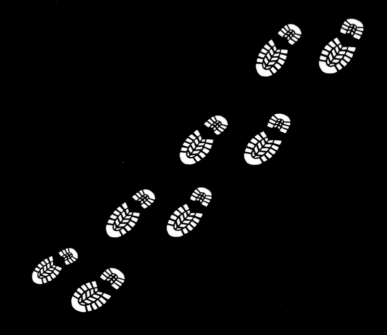

UMA MULHER ESPACIAL

Você sabia que a cientista **Katherine Johnson** e seu incrível talento com os números foram os principais responsáveis pela chegada do **primeiro foguete** à Lua?

Para que essa missão desafiadora desse certo, foram necessários muitos e muitos cálculos. Junto a outras cientistas do Centro de Pesquisa Langley, da NASA, **Katherine Johnson** conseguiu prever a trajetória das primeiras viagens espaciais, tornando esse feito possível!

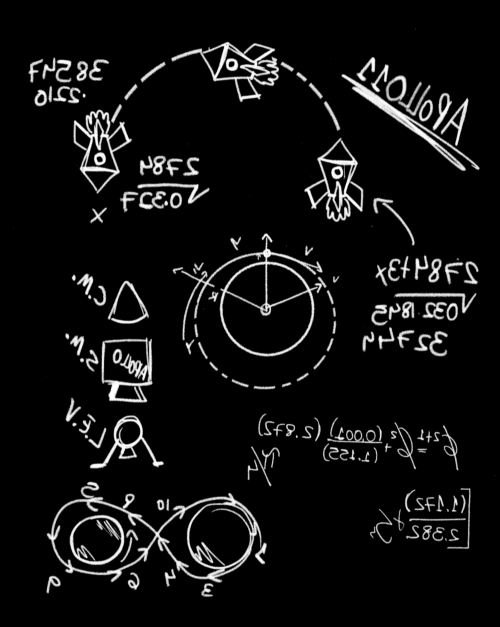

O título de planeta mais quente do Sistema Solar vai para **Vênus**, o segundo planeta mais próximo do Sol. Isso acontece por causa dos **gases** que estão em sua atmosfera. Esses gases retêm todo o calor que Vênus recebe do Sol, não deixando a **temperatura** diminuir.

OBSERVANDO O CÉU...

Você sabia que, além de conseguir observar as estrelas e as constelações, também pode enxergar alguns **planetas** sem usar o **telescópio**? Isso mesmo! É possível ver Marte, Vênus e até Júpiter!

Vênus é o planeta mais fácil de ser observado, pois é o ponto mais brilhante no céu, depois da Lua! Já **Marte** possui uma cor avermelhada. Para diferenciar uma estrela de um planeta, basta descobrir se o ponto luminoso está piscando ou não. Se estiver, é uma estrela!

ESTAMOS SOZINHOS?

O **Universo** é tão vasto e misterioso que fica difícil não se perguntar: será que existe **vida** fora da Terra?

Até o momento, **Marte** é considerado o segundo planeta mais habitável do Sistema Solar. Sua gravidade se assemelha à da Terra, e até já se encontrou **água** por lá! Por isso, muitas sondas espaciais estão vasculhando o planeta vermelho atrás de sinais de vida.

MÚSICA DE OUTRO PLANETA

O **espaço sideral** pode ser um lugar muito silencioso, pois, lá, o som não se propaga. Você sabe o que o astronauta **Chris Hadfield** fez para mudar isso?

O astronauta canadense resolveu gravar a **primeira música** e o primeiro videoclipe no espaço! Ainda bem que dentro da estação espacial as condições simulam às da Terra, e, por isso, podemos ver e ouvir a versão que Chris fez da música de David Bowie: **Space Oddity**!

QUANTOS SATÉLITES!

Enquanto **Júpiter** tem mais de 60 luas, o nosso planeta possui apenas uma. Mas a **Lua** não é o único satélite orbitando a **Terra**, sabia?

Há centenas e centenas de **satélites artificiais** próximos à Terra. Ao contrário da Lua, que é um **satélite natural**, muitos outros foram construídos e enviados para o espaço com objetivos diferentes: ajudar na comunicação, prever o clima terrestre e obter dados sobre a galáxia.

SATÉLITE ARTIFICIAL

SATÉLITE ARTIFICIAL

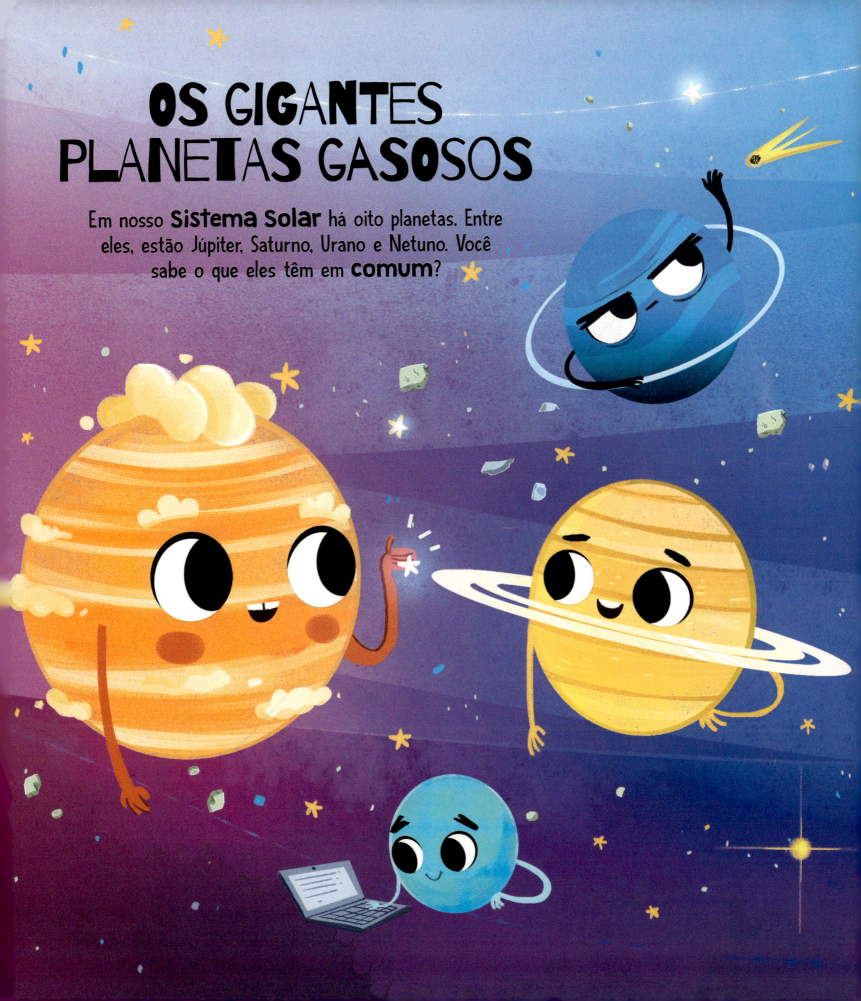

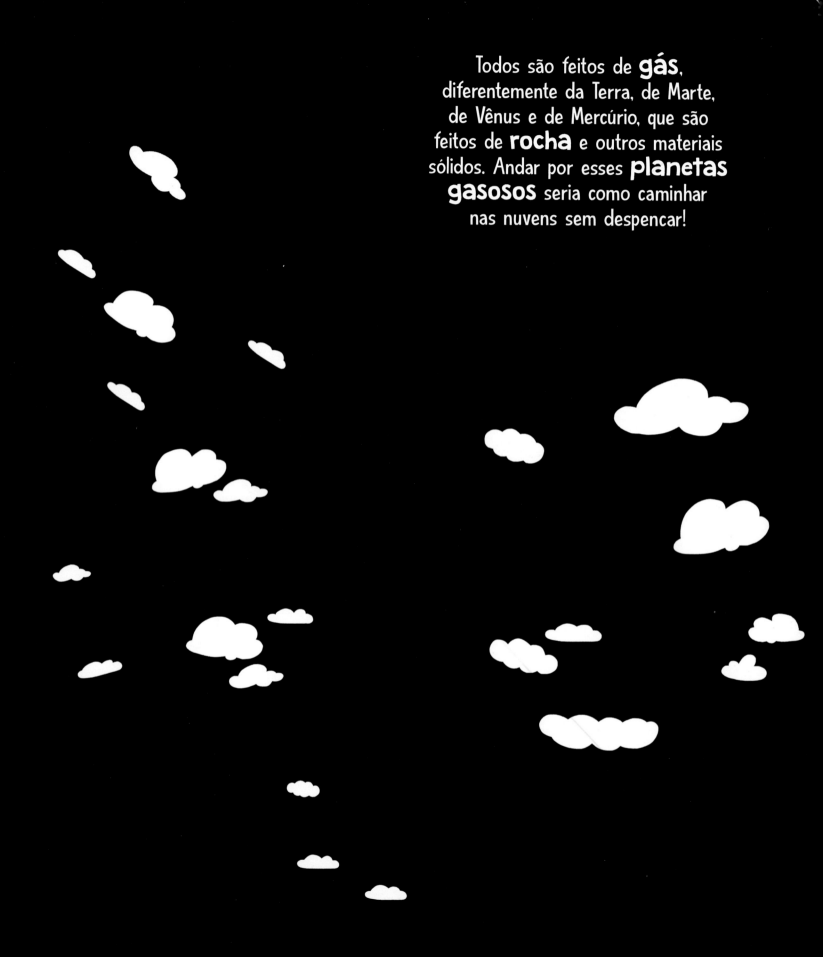

Todos são feitos de **gás**, diferentemente da Terra, de Marte, de Vênus e de Mercúrio, que são feitos de **rocha** e outros materiais sólidos. Andar por esses **planetas gasosos** seria como caminhar nas nuvens sem despencar!

PEQUENOS PLANETAS

Plutão já foi considerado um dos planetas do nosso sistema Solar. Mas, por causa de seu **pequeno tamanho**, passou a ter outra classificação. Você sabe qual é?

Plutão é um planeta-anão! Assim como ele, há outros: Ceres, Haumea, Makemake e Éris. Ceres está situado em uma região cheia de asteroides, entre Marte e Júpiter. Já os demais planetas-anões estão além da órbita de Netuno.

DESCOBRINDO O ESPAÇO

Os **foguetes** são máquinas enormes e muito importantes para o lançamento de **satélites** e **espaçonaves**! Mas como será que eles funcionam?

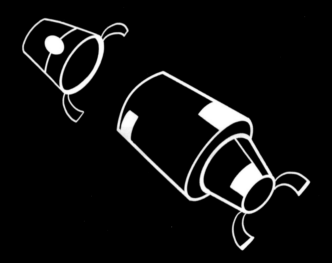

Normalmente, os **foguetes** possuem de três a cinco motores, que liberam gases com força suficiente para empurrar essas máquinas para cima. Cada um desses **motores** se encarrega de um estágio e, quando o seu combustível acaba, desprende-se para deixar o foguete mais leve.